Impressum
Verlag: BABADADA GmbH, Nedderfeld 112 , 22529 Hamburg
Geschäftsführer / Verlagsleitung: Harald Hof
Druck: Books on Demand GmbH, In de Tarpen 42, 22848 Norderstedt

Imprint
Publisher: BABADADA GmbH, Nedderfeld 112 , 22529 Hamburg, Germany
Managing Director / Publishing direction: Harald Hof
Print: Books on Demand GmbH, In de Tarpen 42, 22848 Norderstedt

ishuri
shule

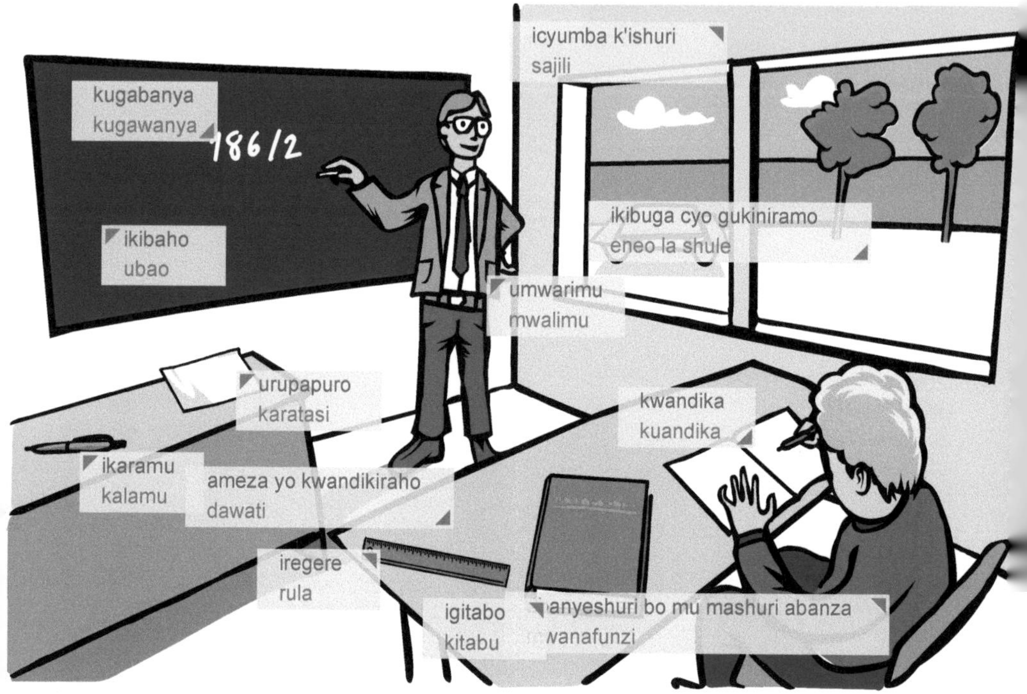

icyumba k'ishuri
sajili
kugabanya
kugawanya
186/2
ikibaho
ubao
ikibuga cyo gukiniramo
eneo la shule
umwarimu
mwalimu
urupapuro
karatasi
kwandika
kuandika
ikaramu
kalamu
ameza yo kwandikiraho
dawati
iregere
rula
igitabo
kitabu
anyeshuri bo mu mashuri abanza
wanafunzi

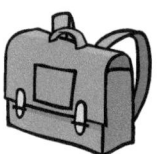

agahago k'ishuri
mkoba

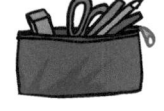

agasanduku k'amakaramu y'igiti
kikasha cha penseli

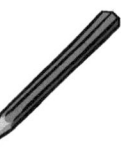

ikaramu y'igiti
penseli

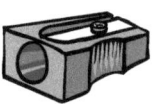

tayekereyo
kichonga penseli

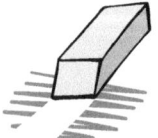

igome
mpira

ikayi yo gushushanya
pedi ya kuchora

igishushanyo

uchoraji

uburoso bwo gusigisha

brashi ya rangi

agasanduku k'amarangi y'amabara

sanduku la rangi

umukasi

mkasi

kore

gundi

ikayi y'imyitozo

daftari

umukoro w'imuhira

kazi ya nyumbani

umubare

nambari

guteranya

jumlisha

gukuramo

ondoa

gukuba

zidisha

kubara

kokotoa

ibaruwa

barua

ABCDEFG
HIJKLMN
OPQRSTU
VWXYZ

inyuguti uko zikurikirana

alfabeti

ijambo

neno

umwandiko

maandishi

gusoma

kusoma

ingwa

chaki

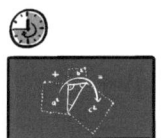

isomo

somo

igitabo cyo
kwiyandikishamo

sajili

ikizami

uchunguzi

impamyabumenyi

cheti

umwambaro w'ishuri

sare za shule

uburezi

elimu

inkoranyamagambo

elezo

kaminuza

chuo kikuu

mikorosikope

darubini

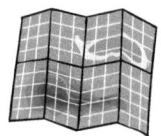

ikarita

ramani

pubere

kikapu cha kuweka karatasi
chafu

4

urugendo

usafiri

hoteli
hoteli
Grand
inzu y'amacumbi
hosteli
ROOMS
ku muvunjayi
ofisi ya ubadilishanaji
ivarisi
sanduku
imodoka
gari

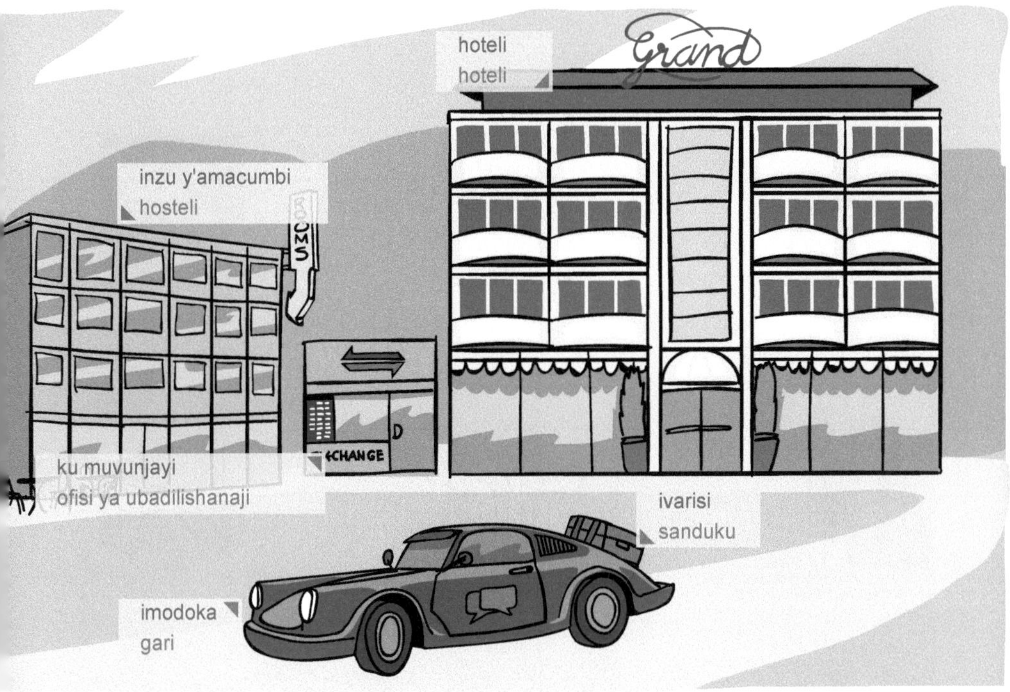

ururimi

lugha

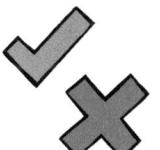

yego / oya

ndiyo / la

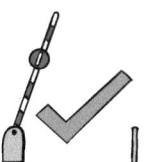

Yego

sawa

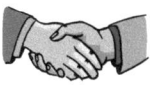

bite

hujambo

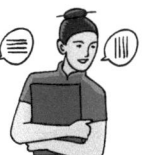

umusemuzi

mtafsiri

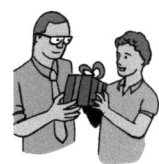

Murakoze

Asante

ni angahe...?

kiasi gani ni ...?

Sinsobanukiwe

Sielewi

ikibazo

tatizo

wiriwe!

Jioni njema!

Waramutse

Habari za asubuhi!

Ijoro ryiza

Usiku mwema!

bayi

kwa heri

ikerekezo

mwelekeo

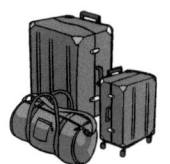

imizigo

mizigo

igikapo

mfuko

igikapo baheka

shanta

umushyitsi

mgeni

icyumba

chumba

agafuko baryamamo

begi la kulalia

ihema

hema

makuru y'ahasurwa na ba mukerarugendo

taarifa ya utalii

ku musenyi wo ku mazi

ufuo

ikarita ya banki

kadi

ifunguro ryo gusamura

kifunguakinywa

ifunguro rya ku manywa

chakula cha mchana

ifunguro rya nimugoroba

chakula cha jioni

itike

tiketi

asanseri

kuinua

itembure

muhuri

umupaka

mpaka

gasutamo

mila

ambasade

ubalozi

viza

visa

pasiporo

pasipoti

gutwara abantu n'ibintu

usafiri

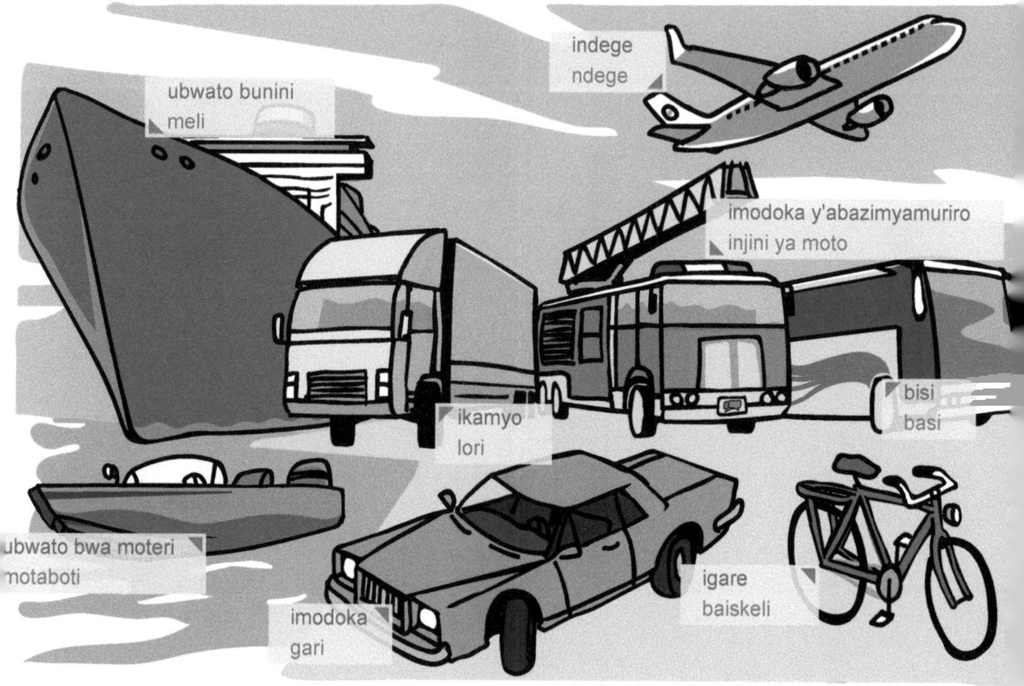

indege
ndege
ubwato bunini
meli
imodoka y'abazimyamuriro
injini ya moto
bisi
basi
ikamyo
lori
ubwato bwa moteri
motaboti
igare
baiskeli
imodoka
gari

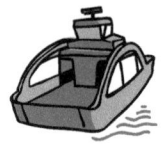

ubwato bwambutsa imizigo n'abantu

feri

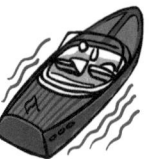

ubwato

mashua

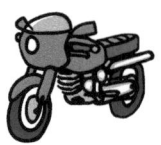

ipikipiki

pikipiki

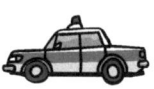

imodoka ya polisi

gari la polisi

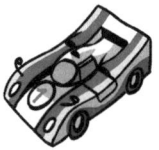

imodoka ya kuruse

gari la mashindano

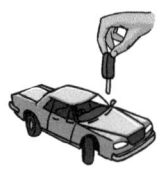

imodoka ikodeshwa

gari la kukodisha

gusangira imodoka

kushiriki gari

imodoka iterura izindi

lori la kuvuta

imodoka iyora imyanda

ukusanyaji taka

moteri

motor

lisansi

mafuta

sitasiyo ya lisansi

kituo cha mafuta

yapa kiyobora imodoka

ishara trafiki

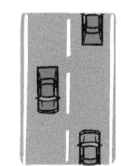

urujya n'uruza rw'imodoka

trafiki

ambuteyaje

msongamano

parikingi y'imodoka

maegesho

gare ya gariyamoshi

kituo cha treni

inzira ya gariyamoshi

reli

gariyamoshi

garimoshi

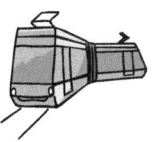

bisi ikoresha
amashanyarazi

tremu

agatete k'imizigo gakururwa
n'imodoka

gari la mizigo

kajugujugu

helikopta

ikibuga k'indege

uwanja wa ndege

umunara

mnara

umugenzi

abiria

konteneri

chombo

ikarito

katoni

akagorofani ko mu iduka

mkokoteni

agaseke

kikapu

kuguruka / kururuka

ondoka

umugi

jiji

umudugudu

kijiji

mu mujyi rwagati

katikati ya jiji

inzu

nyumba

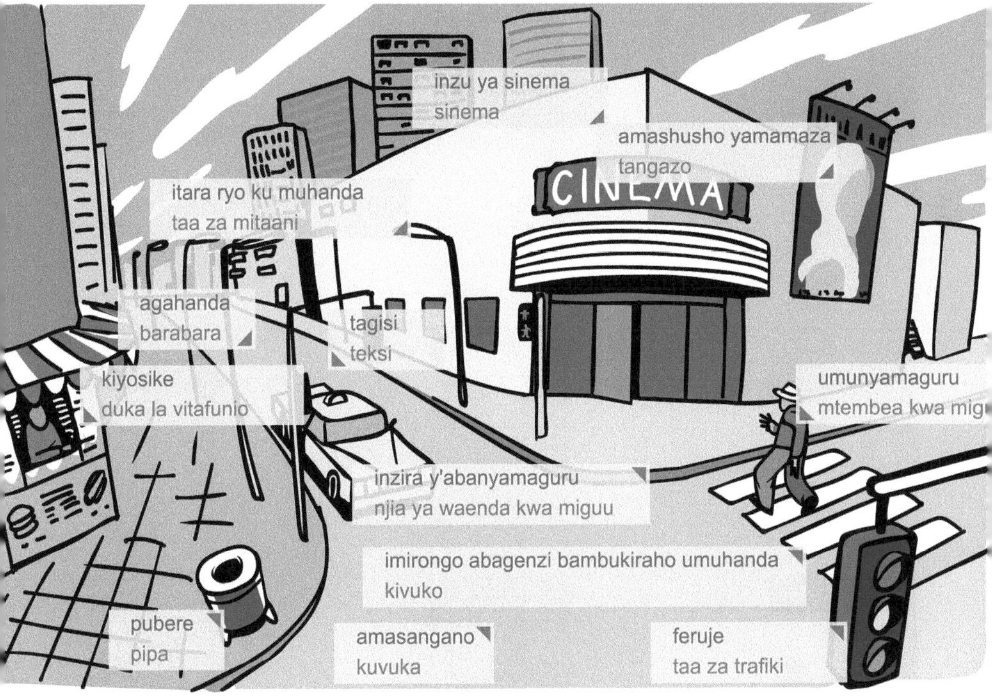

inzu ya sinema
sinema

amashusho yamamaza
tangazo

itara ryo ku muhanda
taa za mitaani

agahanda
barabara

tagisi
teksi

kiyosike
duka la vitafunio

umunyamaguru
mtembea kwa mig

inzira y'abanyamaguru
njia ya waenda kwa miguu

imirongo abagenzi bambukiraho umuhanda
kivuko

pubere
pipa

amasangano
kuvuka

feruje
taa za trafiki

akaruri

kibanda

inzu ifatanye n'izindi

gorofa

gare ya gariyamoshi

kituo cha treni

ibiro bya meya

ukumbi wa mji

inzu ndangamurage

Makavazi

ishuri

shule

umugi - jiji

kaminuza

chuo kikuu

banki

benki

ibitaro

hospitali

hoteli

hoteli

farumasi

duka la dawa

ibiro

ofisi

inzu bagurishirizamo ibitabo

duka la kitabu

iduka

duka

umucuruzi w'indabo

duka la maua

amangazini manini

dukakuu

isoko

soko

idepo

idara ya kuhifadhi

umucuruzi w'amafi

mwuza samaki

iduka rinini

kituo cha ununuzi

icyambu

bandari

parike

Hifadhi

intebe y'urubaho

benki

iteme

daraja

amadarajya

vidato

inzira yo munsi y'ubutaka

chini ya ardhi

umuhanda wo munsi y'ubutaka

handaki

icyapa cya bisi

kituo cha mabasi

bare

bar

resitora

mgahawa

gasanduku k'amabaruwa

sanduku la posta

icyapa cyo ku muhanda

ishara ya barabara

mubazi ya parikingi

mita ya maegesho

zoo

bustani ya wanyama

pisine

kidimbwi cha kuogelea

umusigiti

msikiti

ifamu
shamba

kwangiza umwuka
uchafuzi

irimbi
makaburini

ikiriziya
kanisa

ikibuga k'imikino
uwanja wa michezo

urusengero
hekalu

umurambi
mazingira

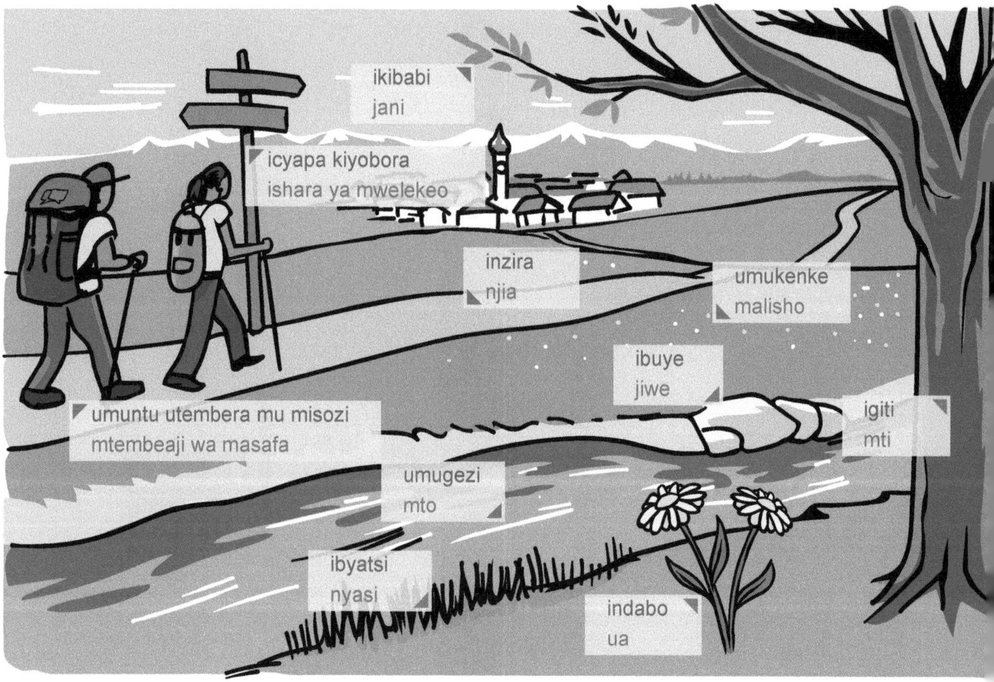

ikibabi
jani

icyapa kiyobora
ishara ya mwelekeo

inzira
njia

umukenke
malisho

ibuye
jiwe

umuntu utembera mu misozi
mtembeaji wa masafa

igiti
mti

umugezi
mto

ibyatsi
nyasi

indabo
ua

ikibaya

bonde

agasozi

kilima

ikiyaga

ziwa

ishyamba

msitu

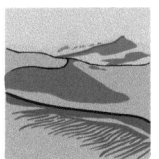

ubutayu

jangwa

ikirunga

volkano

ingoro

ngome

umukororombya

upinde wa mvua

icyobo

uyoga

ikigazi

mtende

umubu

mbu

isazi

kuruka

intozi

chungu

uruyuki

nyuki

igitagangurirwa

buibui

ikivumvuri
....
mende

igikeri
....
chura

inkima
....
kuchakuro

imbuni
....
nungunungu

urukwavu
....
sungura

igihunyira
....
bundi

inyoni
....
ndege

igishuhe
....
swan

isatura
....
nguruwe mwitu

ingeragere
....
kulungu

impongo
....
aina ya kongoni

urugomero
....
bwawa

igipanga kikaraga kikazana
umuyaga
....
tabo ya upepo

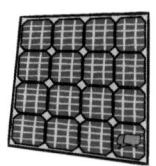

urubaho rukurura imirasire
....
nishaji ya jua

ikirere
....
hali ya hewa

16   umurambi - mazingira

umuseriveri
mhudumu

ibiryo byateguwe
menyu

intebe
kiti

piza
piza

isupu
supu

igitambaro cyo gutegura ku meza
kitambaa cha mezani

ibikoresho byo kumeza
vilia

aperitifu
kiamsha hamu

isahani nkuru
kozi kuu

deseri
kitindamlo

ibinyobwa
vinywaji

ibiribwa
chakula

icupa
chupa

ibiryo barya bagenda

chakula cha haraka

ibiryo byo kumuhanda

Streetfood

ibirika y'icyayi

buli

agakombe k'isukari

kisanduku cha sukari

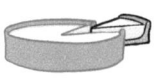

isahani y'ibiryo

sehemu

imashini y'ikawa ya esipereso

mashine ya espresso

intebe ndende

kiti kirefu

inyemezabuguzi

muswada

ipurato

trei

icyuma

kisu

ikanya

uma

ikiyiko

kijiko

akayiko k'icyayi

kijiko cha chai

seriviyete

nepi

ikirahure cyo kunywesha

glasi

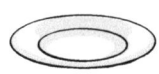

isahani

sahani

isahani y'isupu

sahani ya supu

agasutasi

sufuria

isosi

mchuzi

agacupa k'umunyu

kichanyaji chumvi

agasekuru k'urusenda

kinu cha pilipili

vinegere

siki

amavuta

mafuta

ibirunge

viungo

kecapu

kechapu

mutaride

haradali

mayonezi

kachumbari nzito

amangazini manini
dukakuu

igiciro kidasanzwe
ofa maalum

umukiriya
mteja

ibiva mu mata
maziwa

imbuto
matunda

akagorofani ko mu iduka
toroli

busheri

mchinjaji

buranjeri

mwokaji

gupima ibiro

uzito

imboga

mboga

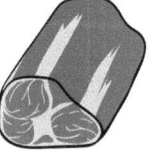

inyama

nyama

ibiryo bakonjesheje

chakula waliohifadhiwa

inyama zikonje

ande vya nyama baridi

ibiryo byo mu makopo

chakula cha kopo

isabune y'ifu

sabuni ya unga

bombo

pipi

ibikoresho byo mu rugo

bidhaa za kaya

imiti isukura

bidhaa za kusafisha

umucuruzikazi

mtu mauzo

kukesa

mpaka

umubitsi

keshia

urutonde rwo guhaha

orodha ya manunuzi

amasaha haba hafunguye

masaa ya ufunguzi

ipotomoni

mkoba

ikarita ya banki

kadi

umufuka

mfuko

imifuko ya pulasitike

mfuko wa plastiki

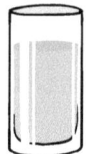

amazi

maji

umutobe

sharubati

amata

maziwa

koka

coke

divayi

mvinyo

byeri

bia

inzoga

pombe

shokora ishyushye

kakao

icyayi

chai

ikawa

kahawa

ikawa ya esipereso

spreso

kapucino

kapuchino

umuneke

ndizi

pome

tufaha

icunga

machungwa

wotameloni

tikiti

indimu

lemon

karoti

karoti

tungurusumu

kitunguu saumu

umugano

mianzi

urutunguru

kitunguu

icyoba

uyoga

ubunyobwa

karanga

amakaroni

nudo

spageti

spageti

umuceri

mpunga

salade

saladi

udufiriti

vibanzi

ibirayi by'ifiriti

viazi vya kukaanga

piza

piza

hamburugeri

hambaga

sanduwici

sandwichi

escalope

kipande

jambo

paja la mnyama

salami

salami

sosiso

soseji

inkoko

kuku

kotsa

choma

ifi

samaki

igikoma cy'uburo
....
oats ya uji

pisitashi
....
muesli

impeke
....
cornflakes

ifu
....
unga

kuruwasa
....
kroisanti

amandazi
....
andazi

umugati
....
mkate

umugati wumishijwe
....
mkate wa kubanika

ibisuguti
....
biskuti

amavuta
....
siagi

forumaje year
....
maziwa mgando

keke
....
keki

igi
....
yai

umureti
....
yai kukaanga

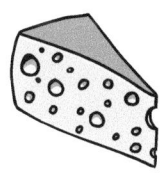

forumaje
....
jibini

ibiribwa - chakula

ayisikirimu

aiskrimu

isukari

sukari

ubuki

asali

konfitire

jemu

shokora

kuenea kwa chokoleti

kiri

mchuzi wa viungo

ifamu

shamba

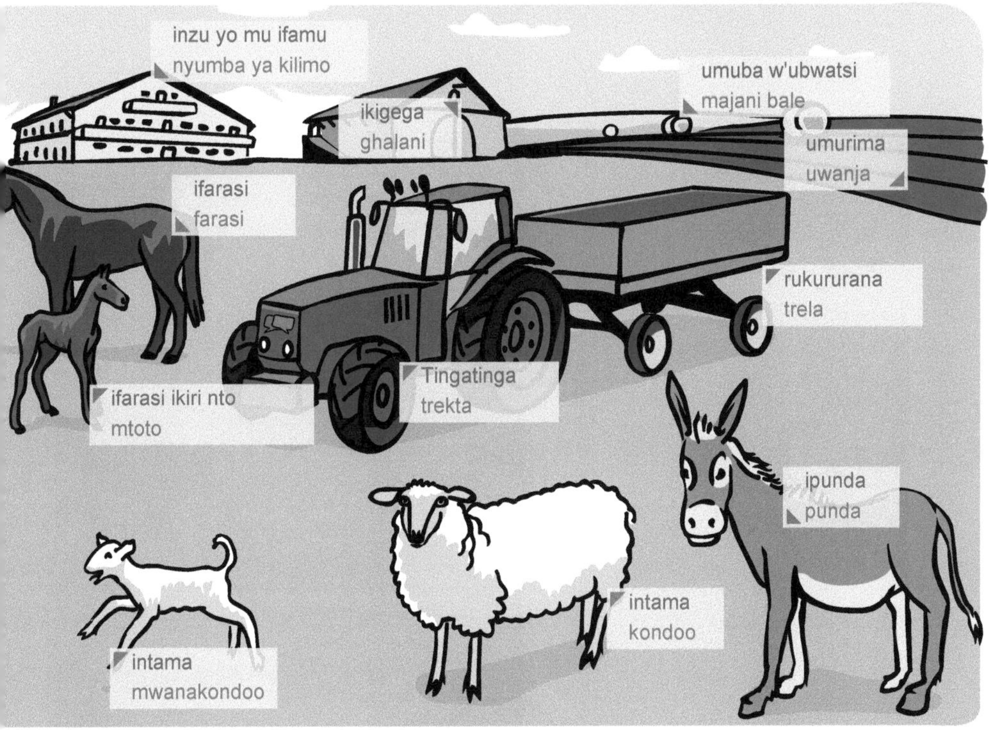
inzu yo mu ifamu
nyumba ya kilimo
ikigega
ghalani
umuba w'ubwatsi
majani bale
umurima
uwanja
ifarasi
farasi
rukururana
trela
Tingatinga
trekta
ifarasi ikiri nto
mtoto
ipunda
punda
intama
kondoo
intama
mwanakondoo

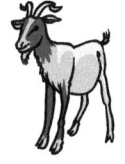

ihene

mbuzi

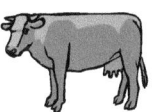

inka

ng'ombe

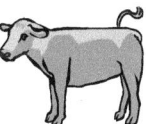

umutavu

ndama

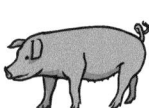

ingurube

nguruwe

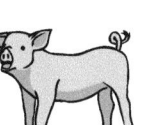

ikibwana k'ingurube

mwananguruwe

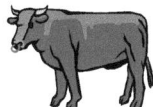

ikimasa

fahali

igishuhe

batabukini

imbata

bata

umushwi

kifaranga

inkokokazi

kuku

isake

jogoo

imbeba

panya

injangwe

paka

imbeba

panya

ikimasa

ng'ombe

imbwa

mbwa

ikiruka

nyumba ya mbwa

itiyo ijyana mu karima

bomba la bustani

arozuwari

debe la kumwagilia maji

najuru

fyekeo

imashini ihinga

kulima

najuru

mundu

isuka

jembe

rato

uma wa nyasi

ishoka

shoka

ingorofani

toroli

ikibumbiro

kupitia nyimbo

inkongoro

chombo cha maziwa

igunira

gunia

urugo

ua

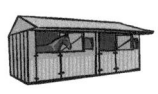

ikiraro

imara

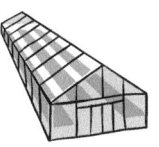

inzu ihingwamo

chafu

ubutaka

udongo

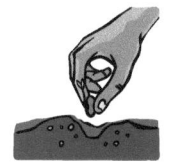

imbuto zo gutera

mbegu

ifumbire

mbolea

imashini isarura

kivunaji

gusarura

mavuno

umusaruro

mavuno

ibikoro

viazi vikuu

ingano

ngano

soya

soya

ikirayi

viazi

ikigori

mahindi

umwayi weze

rapa

igiti k'imbuto

mti wa matunda

umwumbati

muhogo

impeke

nafaka

inzu

nyumba

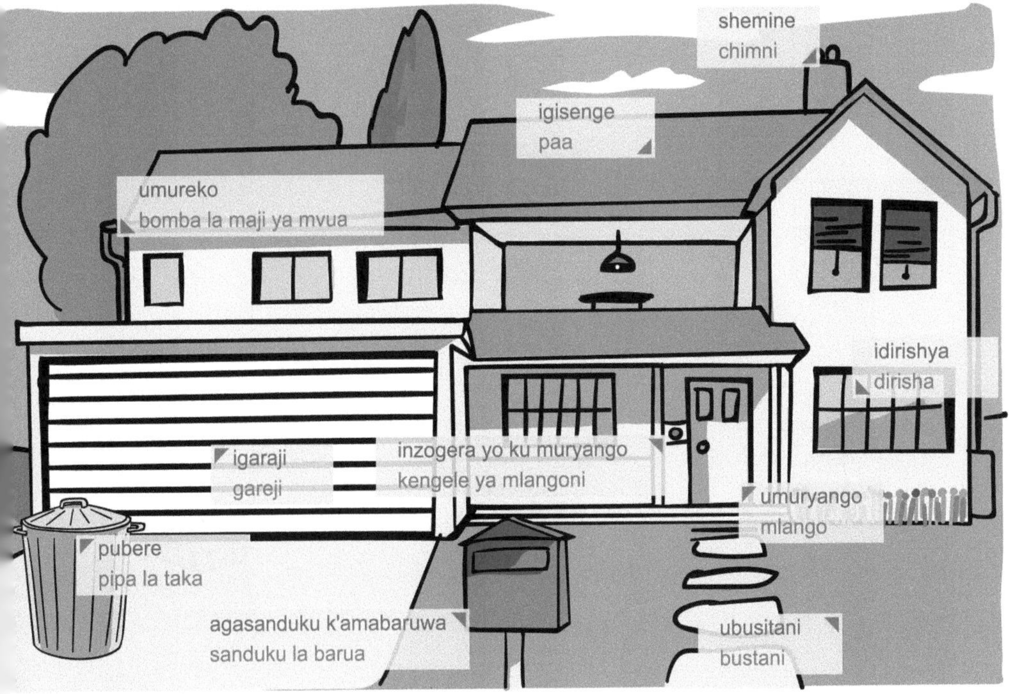

shemine
chimni
igisenge
paa
umureko
bomba la maji ya mvua
idirishya
dirisha
igaraji
gareji
inzogera yo ku muryango
kengele ya mlangoni
umuryango
mlango
pubere
pipa la taka
agasanduku k'amabaruwa
sanduku la barua
ubusitani
bustani

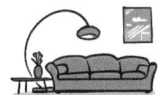

icyumba cy'uruganiriro

sebuleni

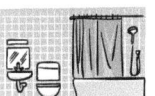

ubwogero

bafu

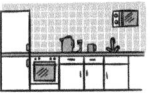

igikoni

jikoni

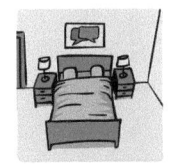

icyumba cyo kuraramo

chumba cha kulala

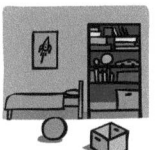

icyumba cy'abana

chumba ya mtoto

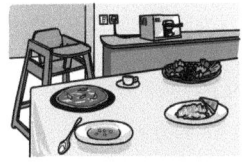

uburiro

chumba cha kulia

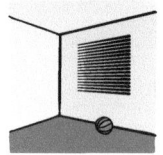

hasi
....
sakafu

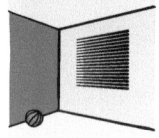

urukuta
....
ukuta

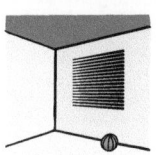

purafo
....
dari

kave
....
pishi

sawuna
....
sauna

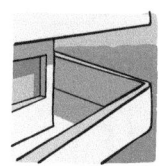

urubaraza
....
roshani

ku rubaraza
....
mtaro

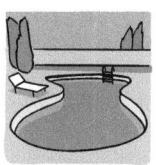

pisine
....
kidimbwi

imashini ikupakupa
....
mashine ya kukata nyasi

umwenda utwikira
....
karatasi

kuvureri
....
kitambaa cha kupamba
kitanda

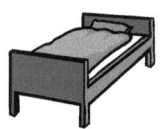

igitanda
....
kitanda

umweyo
....
ufagio

indobo
....
ndoo

enteributeri
....
kubadili

icyumba cy'uruganiriro

sebuleni

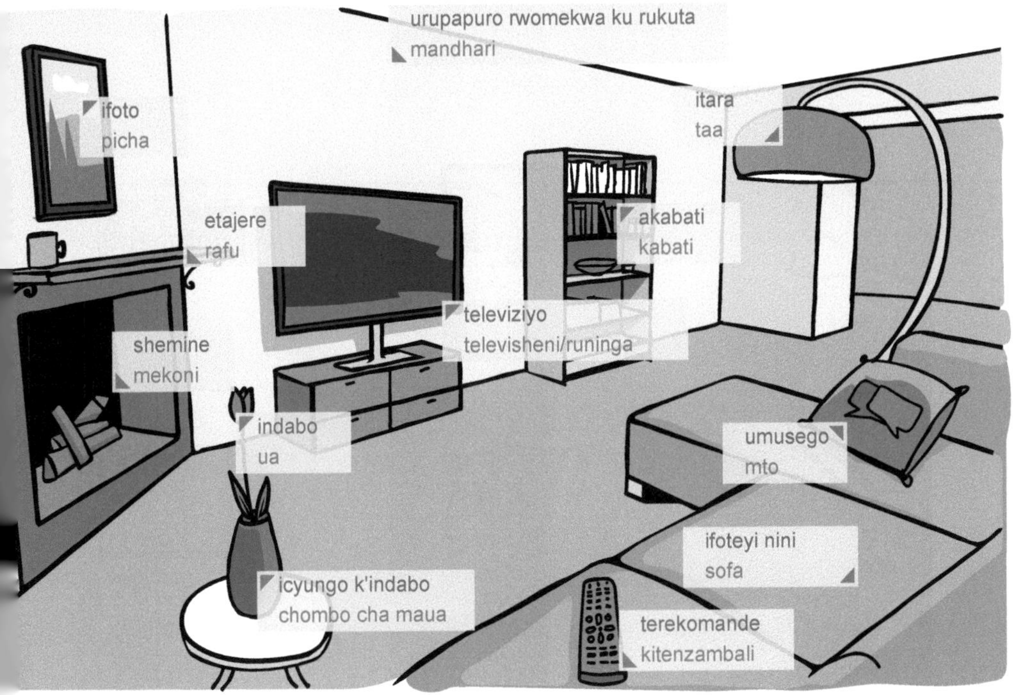

urupapuro rwomekwa ku rukuta
mandhari
ifoto
picha
itara
taa
etajere
rafu
akabati
kabati
televiziyo
televisheni/runinga
shemine
mekoni
indabo
ua
umusego
mto
ifoteyi nini
sofa
icyungo k'indabo
chombo cha maua
terekomande
kitenzambali

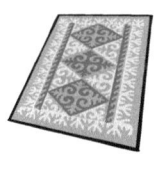

itapi

zulia

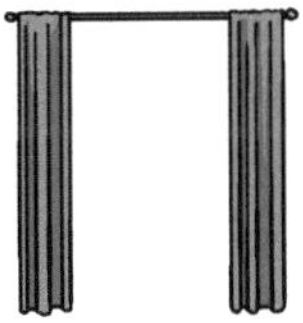

rido

pazia

ameza

meza

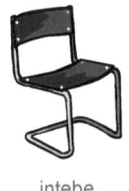

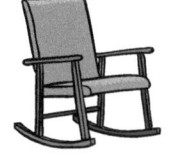

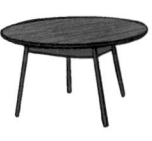

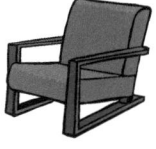

intebe

kiti

intebe yizengurutsa

kiti cha bembea

ifoteyi

armchair

igitabo

kitabu

uburingiti

blanketi

umutako

mapambo

inkwi

kuni

filimi

filamu

ibikoresho bya hifi

kifaa cha hi-fi

urufunguzo

ufunguo

ikinyamakuru

gazeti

ishusho

uchoraji

icyapa

bango

iradiyo

redio

ikarine

daftari

umweyo wa kizungu
ukoresha umwka

kifyonza

ikimungu

dungusi kakati

buji

mshumaa

igikoni
jikoni

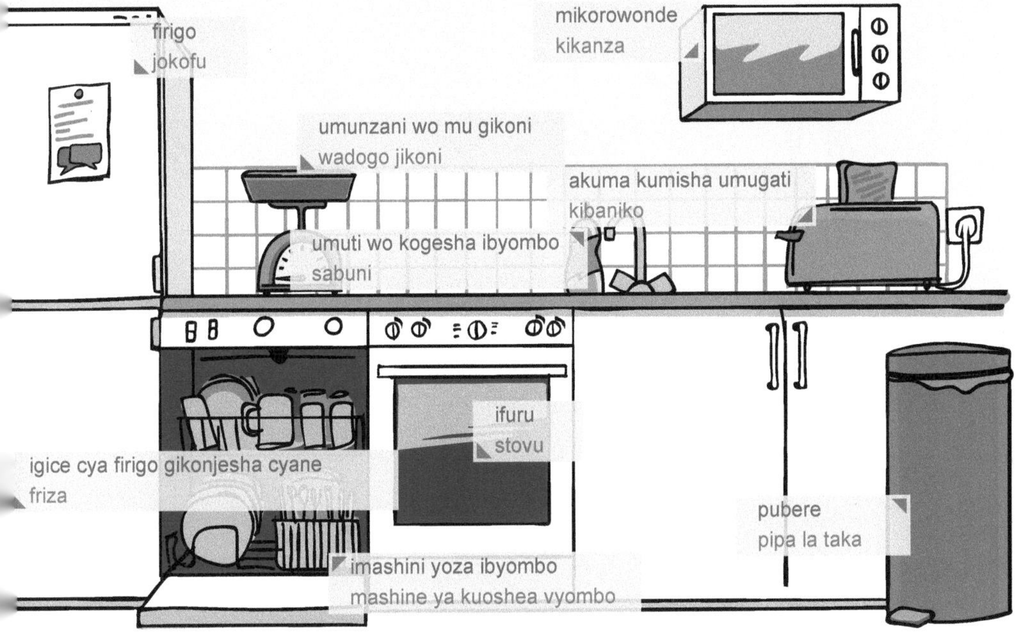

firigo
jokofu
mikorowonde
kikanza
umunzani wo mu gikoni
wadogo jikoni
akuma kumisha umugati
kibaniko
umuti wo kogesha ibyombo
sabuni
ifuru
stovu
igice cya firigo gikonjesha cyane
friza
pubere
pipa la taka
imashini yoza ibyombo
mashine ya kuoshea vyombo

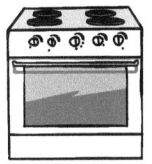

iziko

jiko la kupika

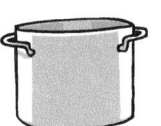

icyungo

chungu

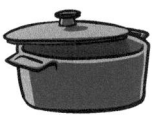

inkono y'icyuma

sufuria ya chuma

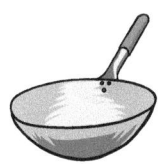

ipanu ifukuye cyane

wok / kadai

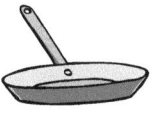

ipanu

kaango

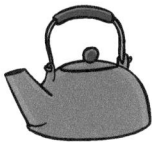

ibirika

birika

isafuriya ya peresiyo

stima

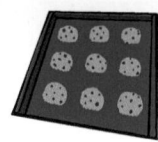

isahani yo mu ifuru

sinia ya kuoka

ibyombo

vyombo vya udongo

igikombe

kombe

isorori

bakuli

uduti abashinwa barisha

vijiti vya kulia

ikiyiko kigabura

ukawa

Ikiyiko cyarura ifiriti

mwiko mpana

umutozo

burashi

paswari

kichujio

akayunguruzo

chujio

agaharuzo ka karoti

mbuzi

isekuru

chokaa

icyokezo

barbeque

shomine

moto wazi

kabaho ko gukatiraho
imboga

ubao wa majaribio

umwuko

kijiti cha kusukuma unga

urufunguzo rwa divayi

kizibuo

agakopo

kopo

urufunguzo rw'amakopo

inaweza kopo

umukondo w'icyungo

kishikio cha chungu

ravabo

karo

uburoso

brashi

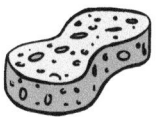

iponji

sifongo

mixer

kisagaji matunda

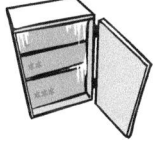

firigo itambitse

friji ya kina

bibero

chupa ya mtoto

robine

bomba

ubwogero
bafu

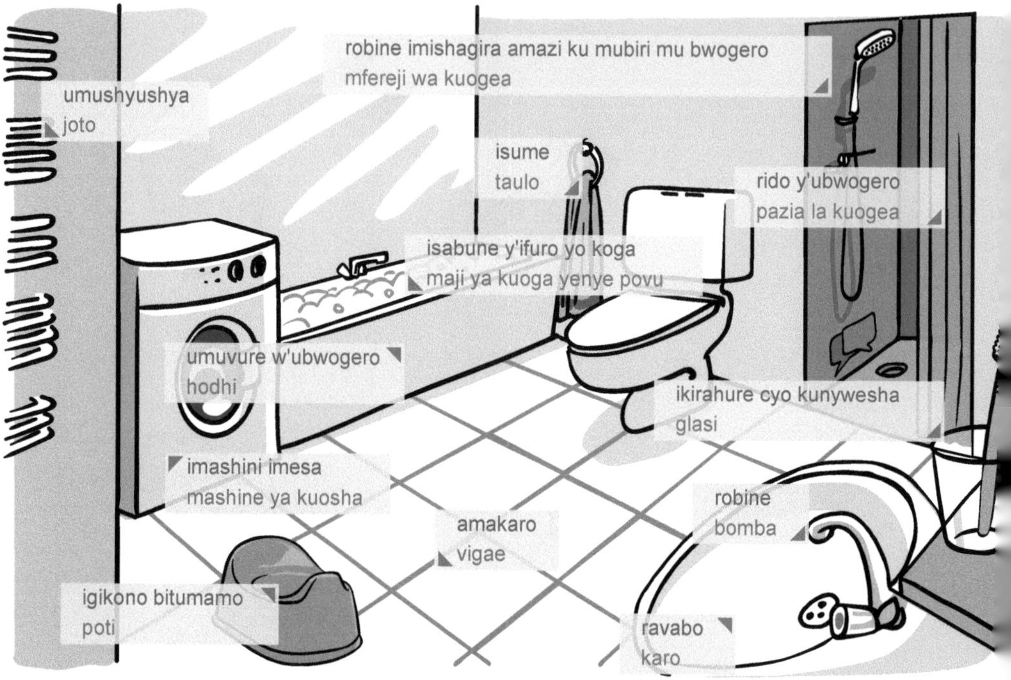

umushyushya
joto

robine imishagira amazi ku mubiri mu bwogero
mfereji wa kuogea

isume
taulo

rido y'ubwogero
pazia la kuogea

isabune y'ifuro yo koga
maji ya kuoga yenye povu

umuvure w'ubwogero
hodhi

ikirahure cyo kunywesha
glasi

imashini imesa
mashine ya kuosha

amakaro
vigae

robine
bomba

igikono bitumamo
poti

ravabo
karo

ubwiherero

choo

umusarani wo gusutama

choo cha squat

igikono cy'ubwiherero bwo
mu nzu

beseni la mviringo

aho bihagarika

choo cha umma

papiyejenike

shashi

uburoso bwo mu bwiherero

brashi ya choo

uburoso bw'amenyo

mswaki

korogati

dawa ya meno

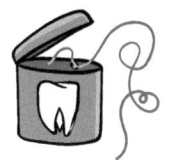

akagozi ko kwihaganyuza
amenyo

dawa ya meno

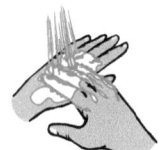

gukaraba

safisha

akamishagira amazi ku
mubiri bafata mu ntoki

kuoga mkono

ubwogero bw'amazi yisuka

msukumo wa maji

vabo bakarabiramo intoki

bonde

uburoso bwo kwitsiritisha
mu mugongo

mpako wa pili

isabune

sabuni

sabune yo mu bwogero

jeli ya kuogea

isabune yo kumeshesha
umusatsi

shampuu

icyangwe cyo kwiyuhagiza

flana

uyobora amazi yanduye

toa maji

ikimuri

krimu

umubavu

kiondoa harufu

ikirori cyo mu ntoki

kioo

ikirori cyo mu ntoki

kioo mkono

urwembe

kinyozi

ifuro ryo kurinda imiburu

povu la kunyoa

umuti ukingira imiburu

baada ya kunyoa

igisokozo

kichana

uburoso

brashi

imashini yumisha umusatsi

kikausha nywele

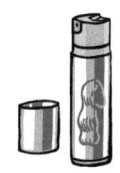

amarashi y'umusatsi

marashi ya nyewele

igishahuro cyo kwitera

vipodozi

rujalevure

kidomwa

verini y'inzara

varnish ya msumari

ipamba

pamba

agasena inzara

mkasi wa kucha

umubavu

manukato

agafuka k'ibikoresho byo
mu bwogero

mkoba wa kuosha

intebe

kinyesi

umunzani

mizani

ikanzu yo kujyana mu
bwogero

nguo ya kuoga

udupfukantoki two
gusukuza

glavu za mpira

urubindo

kisodo

udupapuro two
vihanaguza mu bwiherero

sodo

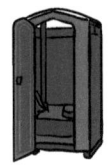

ubwiherero bwimukanwa

kemikali choo

icyumba cy'abana

chumba ya mtoto

inzogera y'isaha ikangura
saa ya kengele
igipupe gikoze mu myenda
kidoli cha kupakata
udukinisho tw'imodoka
gari bandia
ikinyuguri
kelele
inzu y'ibipupe
chumba cha midoli
impano
sasa

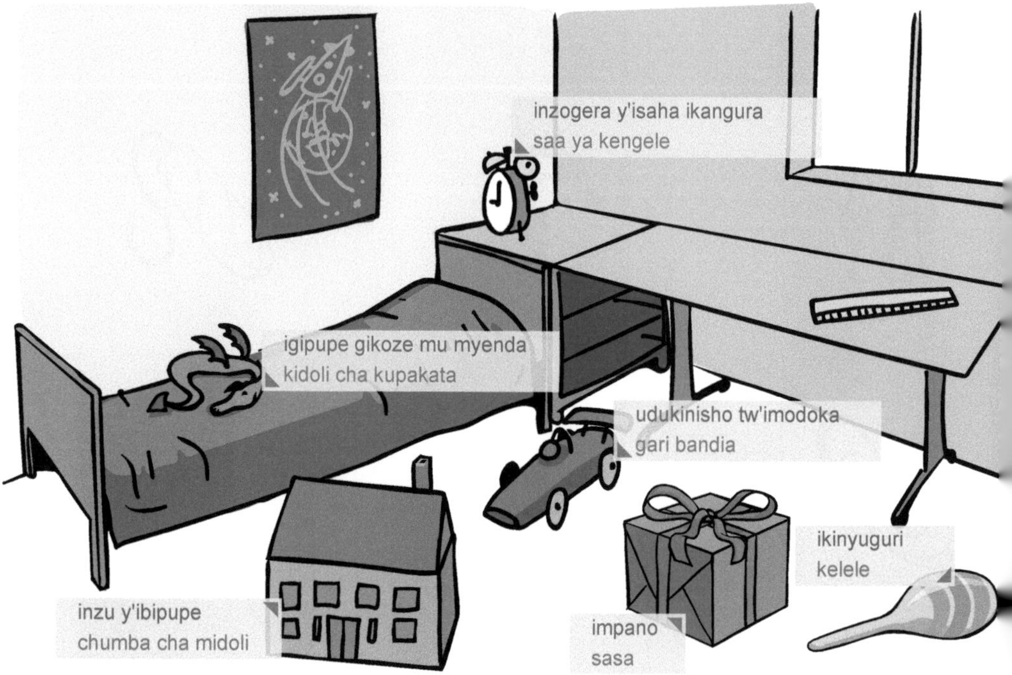

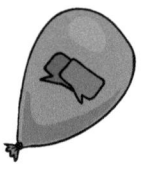

ballon

baluni

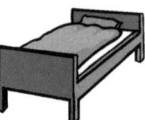

igitanda

kitanda

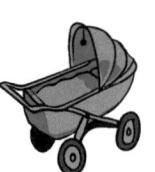

agapusipusi

mashua

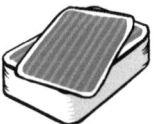

amakarita

staha ya kadi

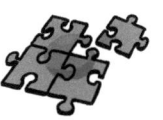

kubaka ishusho bacagaguye

mchezo-fumb

inkuru isetsa

vichekesho

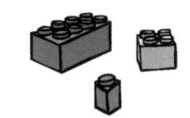

gucomekanya udutafari

matofali lego

udutafari tw'udukinisho

vitalu mwigo

igikinisho

hatua takwimu

ipinjama y'uruhinja

suti ya kulalia

gutera indege

kisahani

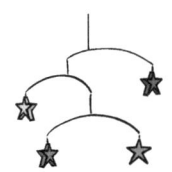

terefoni ngendanwa

simu

imikino yo kuganiriraho

ubao wa michezo

igisoro

kete

gariyamoshi y'igikinisho

garimoshi mwigo

ikinyonyo

dummy

umunsi mukuru

chama

arubumu

picha kitabu

umupira

mpira

agapupe

kikaragosi

gukina

kucheza

icyumba cy'abana - chumba ya mtoto

43

igikarito cy'umucanga

shimo la mchanga

urwicundo

bembea

ibikinisho

vitu bandia

agasanduku k'imikino yo
kuri videwo

kiweko cha video ya
mchezo

akagare k'imipine itatu

baiskeli ya magurudumu

matatu

igipupe k'ibyoya

mwanasesere

akabati k'imyenda

kabati

amasogisi

soksi

amasogisi afatanye n'ikariso

stokingi

kora

kibano

akitero
skafu

umutaka
mwavuli

agapira ko hejuru
fulana

umukandara
ukanda

bote
viatu

inkweto zo kubyukan
ndara

superese
wakufunzi

isandari	inkweto	bote za kawucu
malapa	viatu	mabuti ya mpira

imyenda y'imbere	isutiye	isengeri
suruali ya ndani	sidiria	fulana

imyambaro - nguo

body

mwili

ipantalo

suruali

ikoboyi

dangirizi

ijipo

sketi

ishati y'abagore

blauzi

ishati

shati

umupira w'imbeho

vuta

umupira w'ingofero

sweta

agakoti

bleza

ijaketi

jaketi

ikoti

koti

ikoti ry'imvura

koti la mvua

umwambaro w'ibikino

maleba

ikanzu

gauni

ikanzu y'abageni

mavazi ya harusi

kostitimu

suti

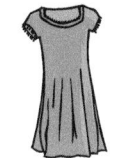

ikanzu yo kurarana

vazi la usiku

ipinjama

pajama

mukenyero w'abahindikazi

sari

igitambaro cyo mu mutwe

skafu

urugori

kilemba

umwitandiro uhisha isura

burka

ikanzu ndende

kaftan

igishura

abaya

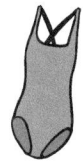

imyenda yo
kwidumbaguzanya

vazi la kuogelea

ikariso yo
kwidumbaguzanya

vazi la kiume la kuogelea

ikabutura

kaptura

tereningi

teitei

itaburiya

aproni

udupfukantoki

glavu

igipesu
kifungo

amadarubindi
glasi

igikomo
bangili

umukufi
mkufu

impeta
pete

iherena
herini

ingofero
kofia

porutemanto
kiango cha koti

ingofero
kofia

karuvati
tai

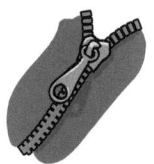

imashini yo ku mwenda
zipu

kasike
kofia

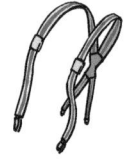

amaburuteri
kanda za suruali

umwambaro w'ishuri
sare za shule

impuzankano
sare

imyambaro - nguo

agakingirankonda
bibu

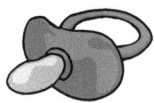

ikinyonyo
dummy

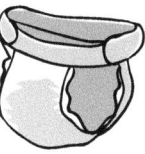

amaranje
nepi

ibiro
ofisi

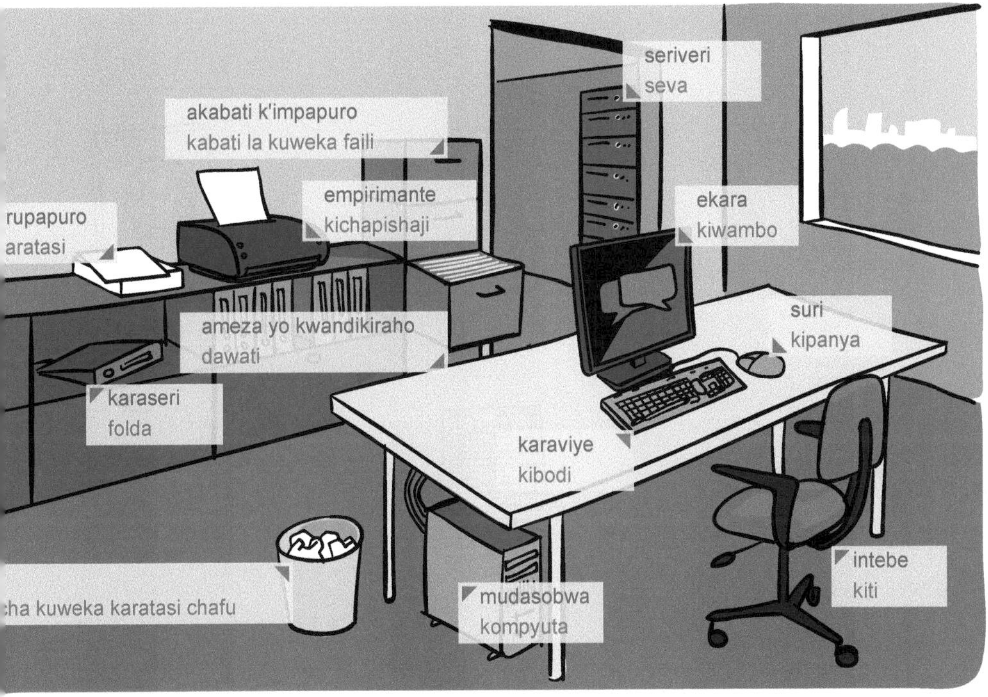

seriveri
seva

akabati k'impapuro
kabati la kuweka faili

empirimante
kichapishaji

ekara
kiwambo

rupapuro
aratasi

ameza yo kwandikiraho
dawati

suri
kipanya

karaseri
folda

karaviye
kibodi

cha kuweka karatasi chafu

mudasobwa
kompyuta

intebe
kiti

igikombe k'ikawa
kmobe la kahawa

akabarisho
kikokotoo

enterineti
biashara

laputopu
mbali

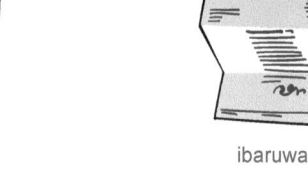

ibaruwa
barua

ubutumwa
ujumbe

ngendanwa
rununu

netiwake
intaneti

fotokopiyeze
fotokopia

porogaramu
programu

telefoni
simu

purize
soketi

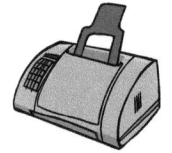

imashini yohereza fagisi
kipepesi

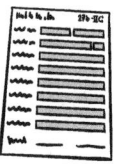

fomu
fomu

inyandiko
hati

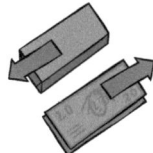

kugura
....
kununua

kwishyura
....
kulipa

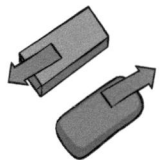

gucuruza
....
biashara

amafaranga
....
fedha

USD

idorari
....
dola

EUR

iyero
....
yuro

JPY

iyeni
....
yeni

RUB

irubure
....
rouble

CHF

ifaranga ry'irisuwisi
....
faranga ya Uswisi

CNY

iriyuwani
....
renminbi yuan

INR

irupi
....
rupia

icyuma cya banki
babikurizaho
....
eneo la kulipia

ku muvunjayi

ofisi ya ubadilishanaji

zahabu

dhahabu

feza

fedha

peteroli

mafuta

ingufu z'amashanyarazi

nishati

igiciro

bei

kontaro

mkataba

tagisi

kodi

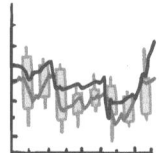

isoko ryo kugura no kugurisha

bidhaa

gukora

kazi

umukozi

mfanyakazi

umukoresha

mwajiri

uruganda

kiwanda

iduka

duka

umupolisi
afisa wa polisi

umuzimyamuriro
mzimamoto

umutetsi
mpishi

muganga
daktari

umupilote
rubani

umujaridiniye
mtunza bustani

umubaji
seremala

umudozi
mshonaji

umucamanza
hakimu

umunyabutabire
mwanakemia

umukinnyi wa filimi
muigizaji

umushoferi wa bisi

dereva wa basi

umushoferi wa tagisi

dereva wa teksi

umurobyi

mvuvi

umugore ushinzwe gukora isuku

mwanamke wa kusafisha

umufundi usakara

mwezekaji

umuseriveri

mhudumu

umuhigi

mwindaji

umuntu usiga irangi

mchoraji

Umuntu ukora imigati

mwokaji

Umuntu ukora mu mashanyarazi

umeme

umufundi

mjenzi

injenyeri

mhandisi

umubazi

mchinjaji

umutnu ukora mu mazi

fundi bomba

umuparanto

mwanaposta

umusirikare

mwanajeshi

umwubatsi

msanifu majengo

umubitsi

keshia

muntu ukora mu by'indabo

muuza maua

kimyozi

msusi

komvuwayeri

kondakta

umukanishi

mekanika

kapiteni

nahodha

muganga w'amenyo

daktari wa meno

umuhanga muri siyansi

mwanasayansi

rabi

rabbi

imamu

imamu

umumwane

mtawa

umuyobozi w'idini

kasisi

ibikoresho
zana

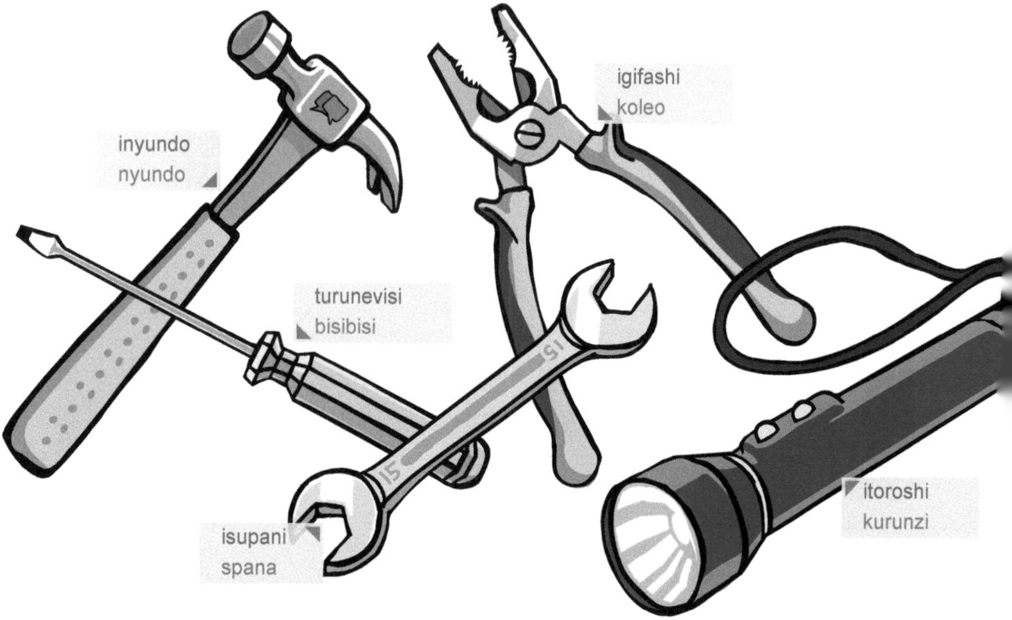
igifashi
koleo
inyundo
nyundo
turunevisi
bisibisi
itoroshi
kurunzi
isupani
spana

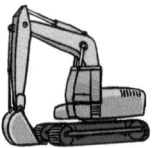

ipiki

mchimbaji

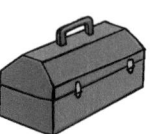

isanduku y'ibikoresho

sanduku la vifaa

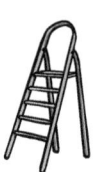

urwego

ngazi

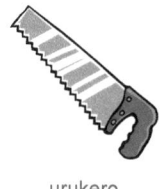

urukero

msumeno

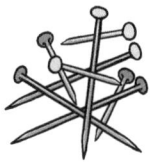

imisumari

misumari

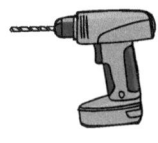

itindo

kuchimba visima

gusana
....
kukarabati

igitiyo
....
sepetu

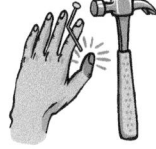

wo gacwa we
....
Lo!

igitiyo
....
kishikio cha uchafu

igikombe k'irangi
....
chungu cha rangi

amavisi
....
skurubu

ibyuma by'umuziki

ala za muziki

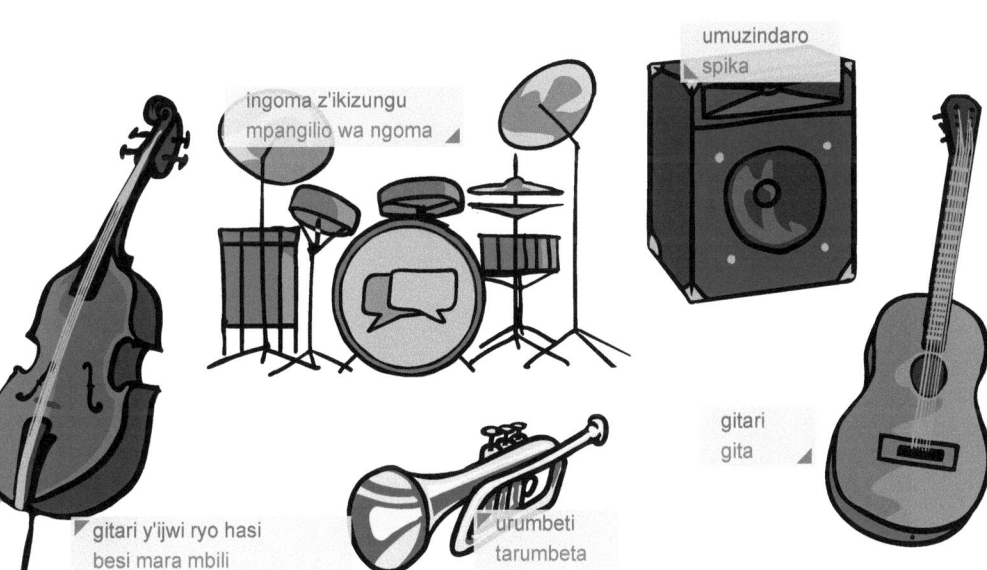

umuzindaro
spika

ingoma z'ikizungu
mpangilio wa ngoma

gitari
gita

gitari y'ijwi ryo hasi
besi mara mbili

urumbeti
tarumbeta

piyano
piano

iningiri
fidla

gitari idunda
ubeji

sembare
timpani

ingoma
ngoma

inanga ya kizungu
kibodi

sagisofone
saksafoni

umwirongi
filimbi

indangururamajwi
maikrofoni

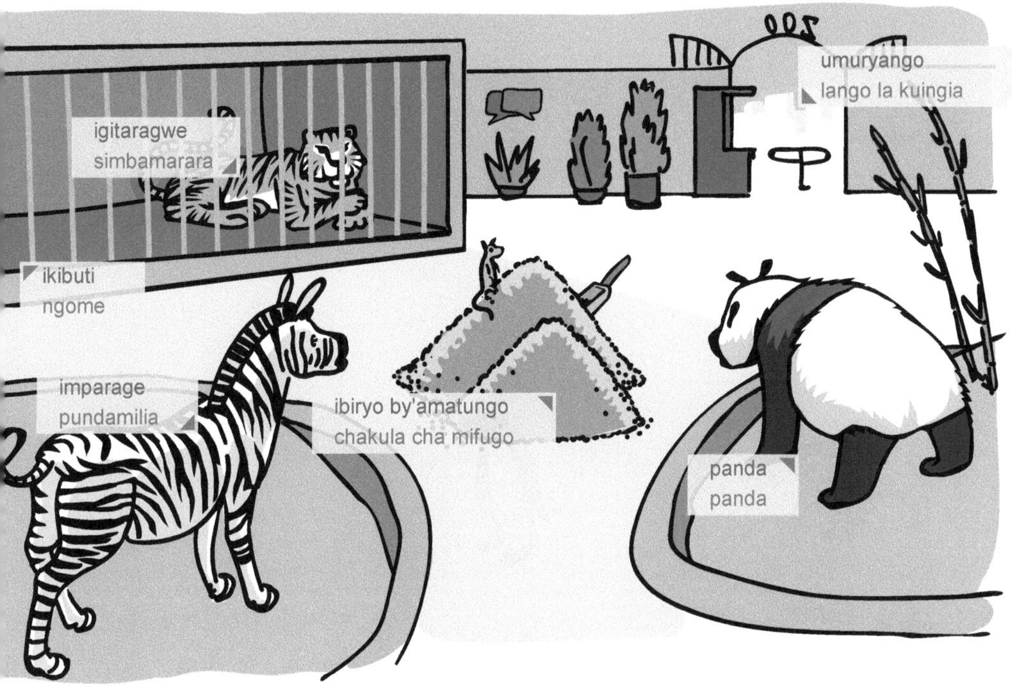

igitaragwe
simbamarara

umuryango
lango la kuingia

ikibuti
ngome

imparage
pundamilia

ibiryo by'amatungo
chakula cha mifugo

panda
panda

inyamaswa

wanyama

inzovu

tembo

kanguru

kangaruu

inkura

kifaru

ingagi

sokwe

idubu

dubu

ingamiya

ngamia

imbuni

mbuni

intare

simba

inguge

tumbili

uruyongoyongo

heroe

gasuku

kasuku

idubu yo mu bukonie

dubu

inyoni yo ku mazi

penguini

igifi kinini

papa

inyoni y'amasunzu

tausi

inzoka

nyoka

ingona

mamba

umurinzi

mtunza wanyama

umuhuri

muhuri

ingwe

jaguar

zoo - bustani ya wanyama

icyana k'ifarasi

mwanafarasi

ingwe

chui

imvubu

kiboko

umusumbarembo

twiga

inkona

tai

isatura

nguruwe mwitu

ifi

samaki

akanyamasyo

kobe

igifi k'imikaka

sili

umuhari

mbweha

isha

paa

Futuboro y'abanyamerika
soka ya marekani

gusiganwa ku magare
uendeshaji baiskeli

tenisi
tenisi

Basiketi
mpira wa kikapu

umukino wo koga
kuogelea

Hoke yo ku rubura
magongo ya barafuni

umukino w'amakofe
ndondi

umupira w'amaguru

soka

umukino wa badminton

vinyoya

abakina imikino
ngororamubiri

riadha

handibolo

mpira wa mikono

guserereka kuri neje

skii

polo

polo

ibikorwa
shughuli

usimbuka
uruka
guhobera
kumbatia
guseka
cheka
kugenda
kutembea
kuririmba
kuimba
kurota
ota ndoto
gusenga
kuomba
gusomana
busu

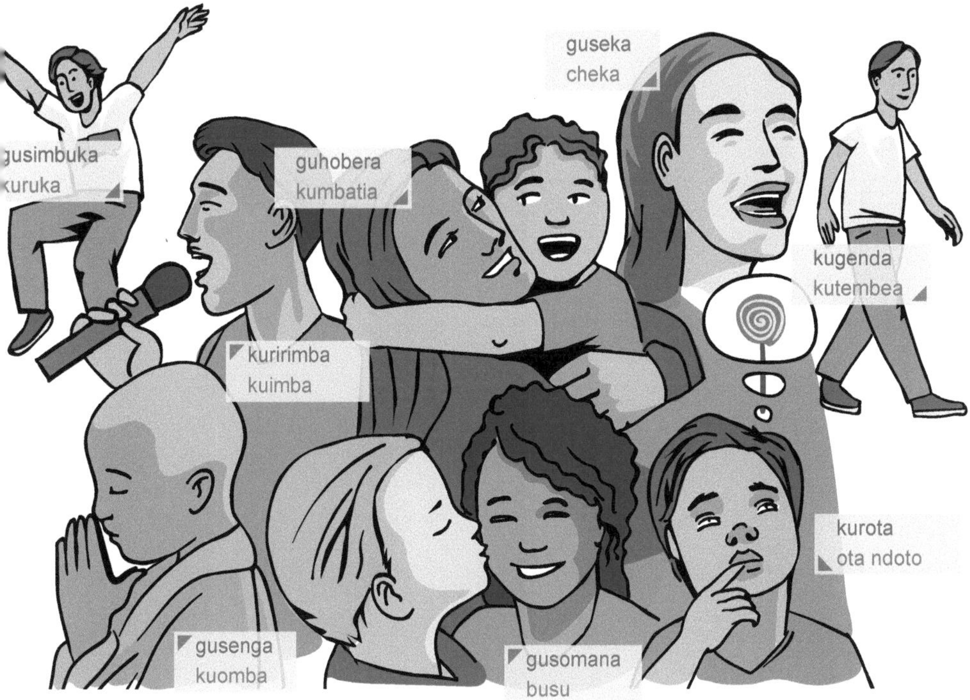

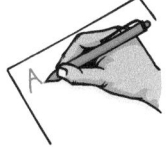

kwandika

kuandika

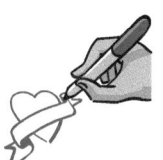

gushushanya

kuteka

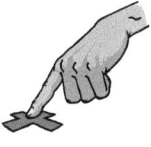

kwerekana

angalia

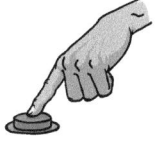

gusunika

sukuma

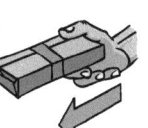

gutanga

kutoa

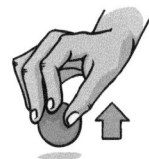

gufata

kuchukua

kugira

kuwa

gukora

fanya

kuba

kuwa

guhaguruka

kusimama

kwiruka

kukimbia

gukurura

vuta

kujugunya

kutupa

kugwa

kuanguka

kuryama

hadaa

gutegereza

kusubiri

kwikorera

kubeba

kwicara

kukaa

kwambara

vaa nguo

gusinzira

usingizi

gukanguka

kuamka

kureba

kuangalia

kurira

lia

kwagaza

kiharusi

gusokoza

chana nywele

kuvuga

ongea

gusobanukirwa

kuelewa

kubaza

kuuliza

kumva

kusikiliza

kunywa

kunywa

kurya

kula

gushyira ku murongo

nadhifisha

gukunda

upendo

guteka

mpishi

gutwara imodoka

gari

kuguruka

kuruka

kugashya

meli

kubara

kokotoa

gusoma

kusoma

kwiga

kujifunza

gukora

kazi

kurongora

kuoa

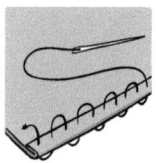

kudoda

kushona

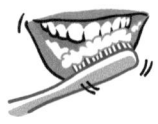

uburoso bw'amenyo

piga mswaki

kwica

kuua

kunywa itabi

moshi

kohereza

kutuma

nyogokuru
bibi

sogokuru
babu

papa
baba

mama
mama

uruhinja
mtoto

umwana w'umukobwa
binti

umwana w'umuhungu
bin

umushyitsi

mgeni

masenge

shangazi

marume

mjomba

musaza wange

kaka

mushiki wange

dada

umubiri

mwili

agahanga k'imbere
paji la uso
ijisho
jicho
urutugu
bega
urutoki
kidole
isura
uso
akananwa
kidevu
ikiganza
mkono
ukuguru
mguu
ibere
matiti
ukuboko
mkono

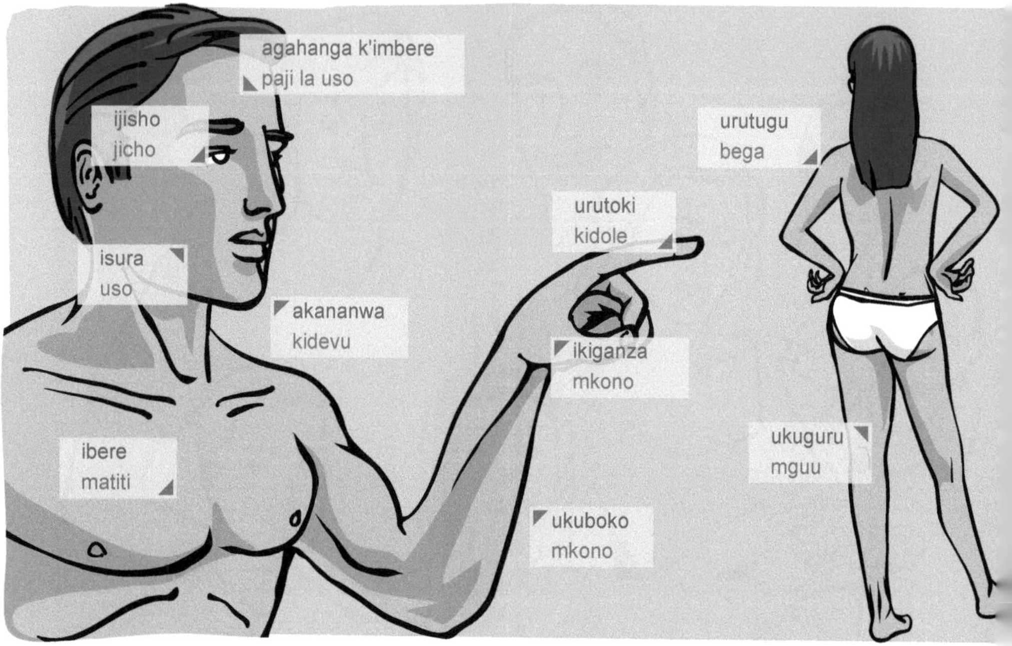

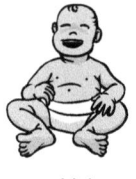

uruhinja

mtoto

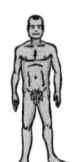

umugabo

mwanamume

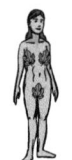

umugore

mwanamke

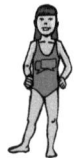

umukobwa

msichana

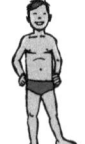

umuhungu

mvulana

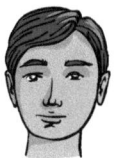

umutwe

kichwa

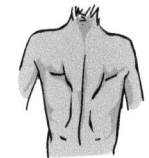

umugongo

nyuma

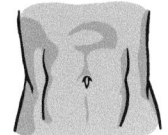

inda

tumbo

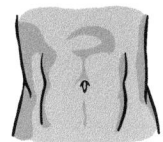

umukondo

kitovu

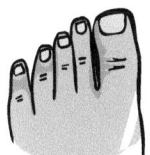

ino

chano

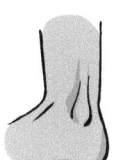

agatsinsino

kisigino

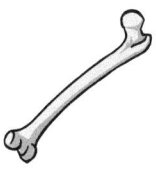

igufa

mfupa

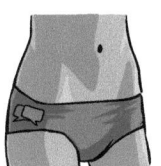

amayunguyungu

nyonga

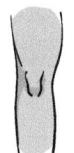

ivi

goti

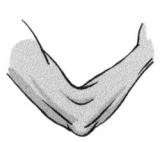

inkokora

kiwiko

izuru

pua

ikibuno

chini

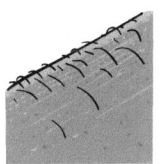

uruhu

ngozi

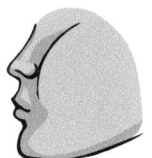

itama

shavu

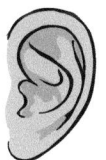

ugutwi

sikio

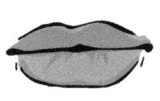

umunwa

mdomo

mu munwa

kinywa

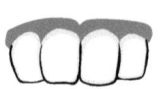

iryinyo

jino

ururimi

ulimi

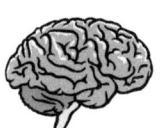

ubwonko

ubongo

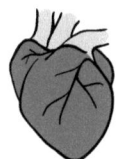

umutima

moyo

umutsi

misuli

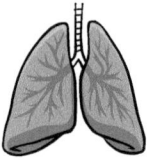

ibihaha

pafu

umwijima

ini

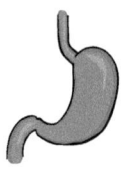

igifu

tumbo

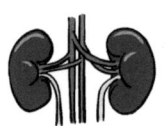

impyiko

figo

igitsina

jinsia

agakingirizo

kondomu

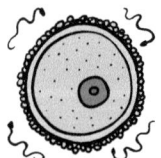

intanga

ovari

amasohoro

shahawa

gusama inda

mimba

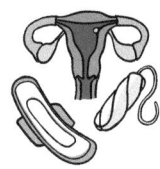

imihango
hedhi

igituba
uke

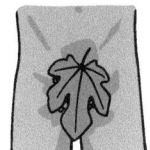

imboro
uume

ibitsike
unyusi

umusatsi
nywele

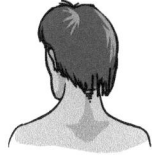

ijosi
shingo

ibitaro
hospitali

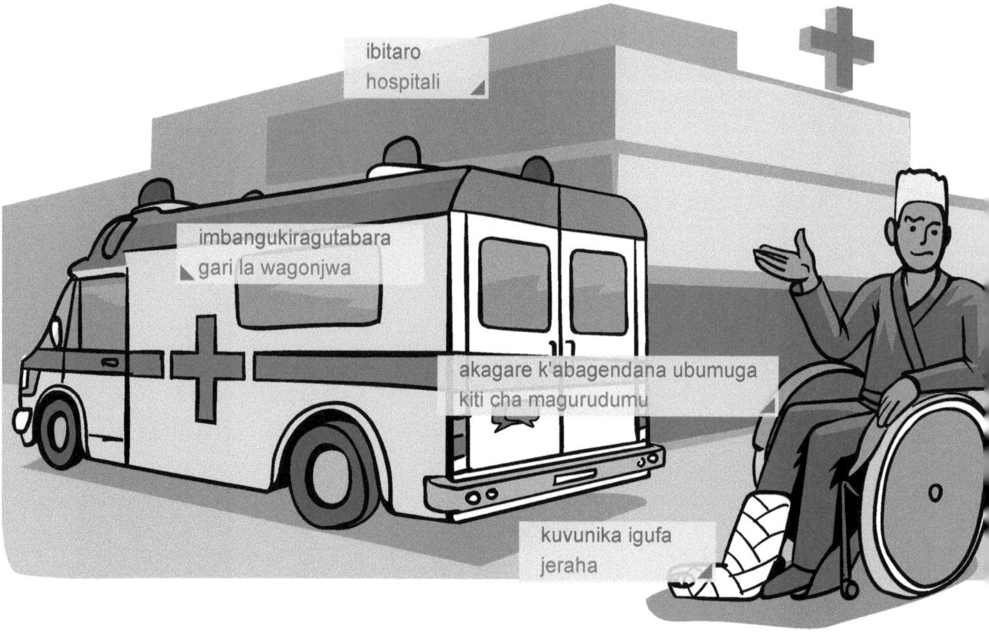

ibitaro
hospitali
imbangukiragutabara
gari la wagonjwa
akagare k'abagendana ubumuga
kiti cha magurudumu
kuvunika igufa
jeraha

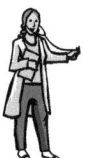

muganga
daktari

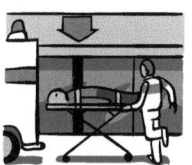

icyumba k'indembe
chumba cha dharura

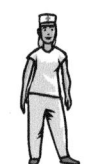

umuforomo kazi
muuguzi

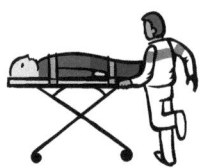

mu ndembe
dharura

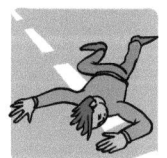

guta ubwenge
kupoteza fahamu

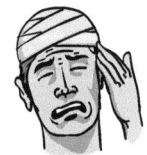

ububabare
maumivu

igikomere

kuumia

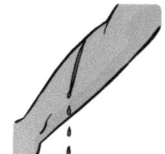

kuva amaraso

kutokwa na damu

gufatwa n'umutima

mshtuko wa moyo

kuziba k'udutsi two mu bwonko

kiharusi

kwivumbura k'umubiri

mzio

inkorora

kikohozi

umuriro

homa

ibicurane

mafua

impiswi

kuharisha

kurwara umutwe

maumivu ya kichwa

kanseri

kansa

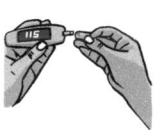

diyabete

ugonjwa wa kisukari

muganga ubaga

daktari mpasuaji

icyuma kibaga umurwayi

kisu kidogo cha kupasulia

kubagwa

operesheni

ifoto yo mu cyuma
....
picha changanufu ya mwili

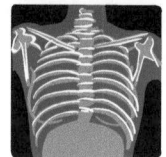

radiyo
....
Eksrei

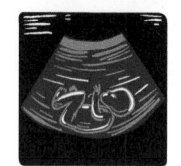

isuzuma rikoresha amajwi
....
mawimbi sauti

agapfukamunwa
....
barakoa ya uso

indwara
....
ugonjwa

icyumba bategererezamo
....
chumba cha kusubiri

imbago yo kwicumba
....
mkongojo

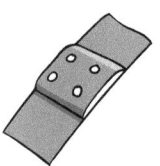

pasema
....
plasta

igipfuko
....
bendeji

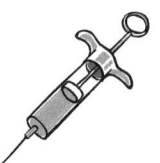

urushinge
....
sindano

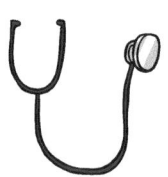

igipimo cy'umutima
....
stetoskopu

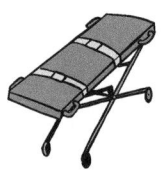

burankari
....
machela

igipimo cy'umuriro
....
kipimajoto cha kliniki

ivuka
....
kuzaliwa

umubyibuho ukabije
....
unene kupita kiasi

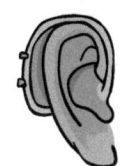

yunganirangingo y'amatwi

kusikia misaada

umuti wica mikorobe

kipukusi

ubwandu

maambukizi

virusi

virusi

Virusi itera sida / Sida

VVU / UKIMWI

ubuganga

dawa

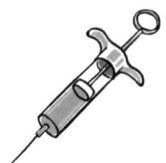

gukingira

chanjo

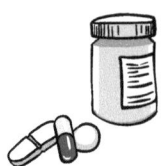

ibinini

vidonge

ikinini

kidonge

guhamagara byihutirwa

simu ya dharura

igenzura ry'umuvuduko
w'amaraso

haemodainamometa

urwaye / ufite amagara
meza

mgonjwa / mwenye afya

Ntabara!

Msaada!

inzogera itabaza

kengele

gusagarira

pigo

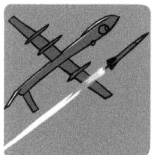

igitero

shambulizi

icyateza amakuba

hatari

umuryango unyuramo ukiza
amagara

lango la dharura

Inkongi!

Moto!

ikizimyamuriro

kizima moto

impanuka

ajali

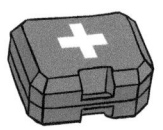

ibikoresho by'ubutabazi
bw'ibanze

vifaa vya huduma ya
kwanza

induru itabaza

wito wa msaada

polisi

polisi

Uburayi

Ulaya

Amerika y'Amajyaruguru

Amerika ya Kaskazini

Amerika y'Amagepfo

Amerika ya Kusini

Afurika

Afrika

Aziya

Asia

Ositarariya

Australia

Atalantika

Atlantiki

Oasifika

Pasifiki

Inyanja y'Abahinde

Bahari ya Hindi

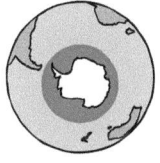

Inyanja y'Antagitika

Bahari ya Antaktiki

Inyanja y'Arigitika

Bahari ya Aktiki

Amajyaruguru y'Isi

Ncha ya Kaskazini

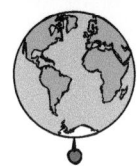

Amagepfo y'Isi
Ncha ya Kusini

Antaragitika
Antaktika

Isi
dunia

ubutaka
nchi

ikiyaga
bahari

ikirwa
kisiwa

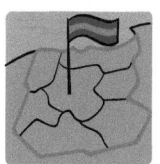

igihugu
taifa

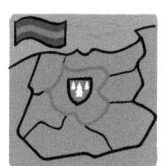

leta
jimbo

kadere y'isaha

uso wa saa

urushinge rw'amasaha

akrabu ya saa

urushinge rw'iminota

akrabu ya dakika

rushinge rw'amasegonda

akrabu ya sekunde

ni isaha ki?

Ni saa ngapi?

umunsi

siku

igihe

wakati

nonaha

sasa

isaha y'imibare

saa ya dijitali

iminota

dakika

amasaha

saa

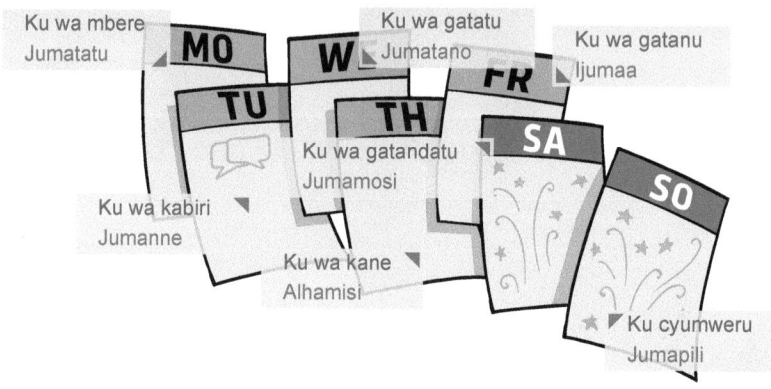

Ku wa mbere
Jumatatu

Ku wa gatatu
Jumatano

Ku wa gatanu
Ijumaa

Ku wa gatandatu
Jumamosi

Ku wa kabiri
Jumanne

Ku wa kane
Alhamisi

Ku cyumweru
Jumapili

ejo hashize

jana

leo

ejo hazaza

kesho

igitondo

asubuhi

saa sita

saa sita mchana

ku mugoroba

jioni

MO	TU	WE	TH	FR	SA	SU
1	2	3	4	5	6	7
8	9	10	11	12	13	14
15	16	17	18	19	20	21
22	23	24	25	26	27	28
29	30	31	1	2	3	4

iminsi y'akazi

siku za biashara

MO	TU	WE	TH	FR	SA	SU
1	2	3	4	5	6	7
8	9	10	11	12	13	14
15	16	17	18	19	20	21
22	23	24	25	26	27	28
29	30	31	1	2	3	4

wikendi

mwishoni mwa wiki

umwaka
mwaka

imvura
mvua
umukororombya
upinde wa mvua
umuyaga
upepo
neje
theluji
urugaryi
majira ya machipuko
iki
kiangazi
umuhindo
vuli
igihe cy'ubukonje
majira ya baridi

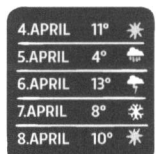

4.APRIL 11°
5.APRIL 4°
6.APRIL 13°
7.APRIL 8°
8.APRIL 10°

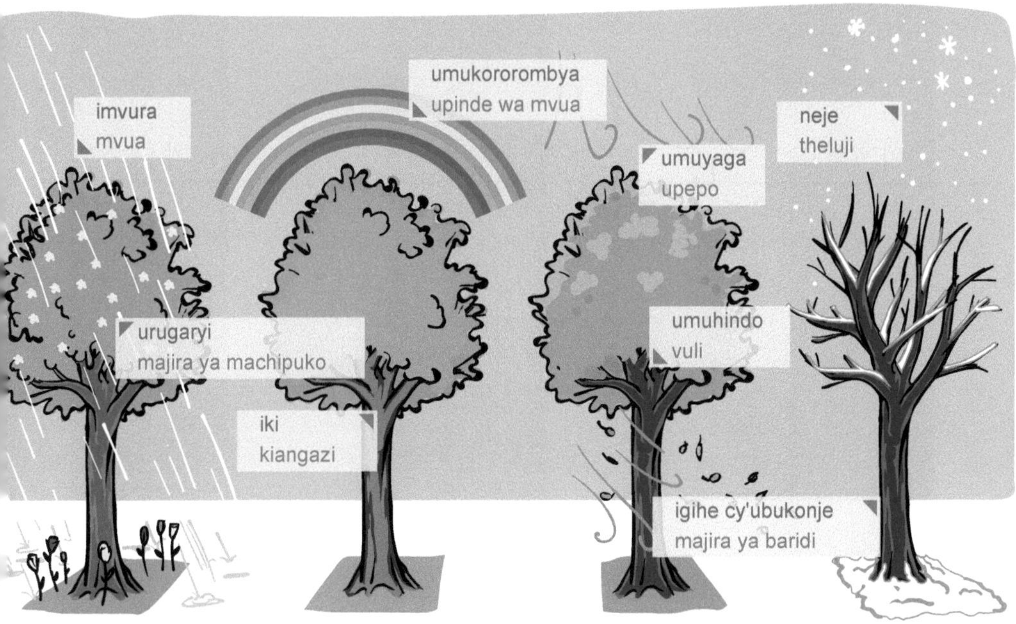

iteganyagihe

utabiri wa hali ya hewa

F C
120 40
90 30
60 20
30 10
0 0
-30 -10
-20

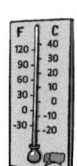

igipimo cy'ubushyuhe

kipimajoto

izuba rirashe

mwanga wa jua

ibicu

wingu

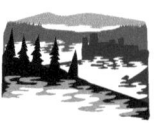

ibihu

ukungu

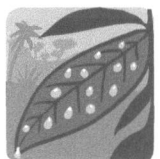

ububobere

unyevu

umurabyo

umeme

inkuba

radi

umuhengeri

dhoruba

urubura

mvua ya mawe

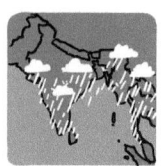

imiyaga ihuha iturutse mu nyanja

monsuni

umwuzure

mafuriko

barafu

barafu

Mutarama

Januari

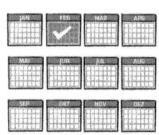

Gshyantare

Februari

Werurwe

Machi

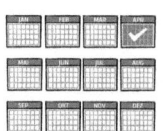

Mata

Aprili

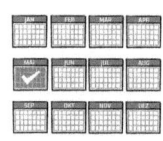

Gicurasi

Mei

Kamena

Juni

Nyakanga

Julai

Kanama

Agosti

82

umwaka - mwaka

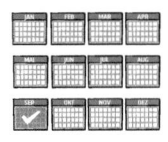

Nzeri
....
Septemba

Ukwakira
....
Oktoba

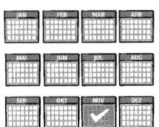

Ugushyingo
....
Novemba

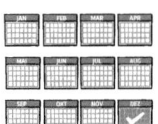

Ukuboza
....
Desemba

amaforoma
maumbo

uruziga
....
mduara

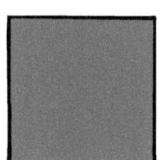

mpandenye
....
mraba

urukiramende
....
mstatili

mpandeshatu
....
pembetatu

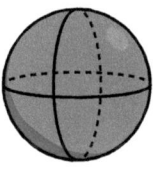

umubumbe
....
nyanja

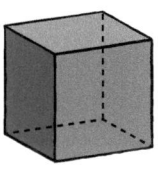

kibe
....
mchemraba

umweru

nyeupe

umuhondo

manjano

oranje

chungwa

iroza

rangi ya waridi

umutuku

nyekundu

isine

hudhurungi

ubururu

bluu

icyatsi kibisi

kijani

igihogo

hanja

ikigina

jivujivu

umukara

nyeusi

byinshi / bike

mengi / kidogo

urakaye / utuje

hasira / pole

mwiza / mubi

nzuri / mbaya

intangiriro / impera

mwanzo / mwisho

kinini / gito

kubwa / ndogo

gikeye / kijimye

angavu / giza

musaza / mushiki

kaka / dada

gisukuye / cyanduye

safi / chafu

kirangiye / kitarangiye

kamilika / tokamilika

umunsi / ijoro

siku / usiku

wapfuye / muzima

wafu / hai

hagari / hafunganye

pana / nyembamba

kiribwa / kitaribwa

kulika / kutolika

umugome / ugwa neza

ovu / ema

ushishikaye / warambiwe

sisimkwa / udhika

ubyibushye / unanutse

nene / nyembamba

mbere / nyuma

kwanza / mwisho

inshuti / umwanzi

rafiki / adui

cyuzuye / kirimo ubusa

jaa / tupu

gikomeye / cyoroshye

ngumu / laini

kiremeye / kitaremereye

nzito / nyepesi

inzara / inyota

njaa / kiu

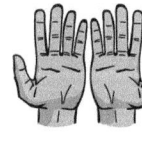

urwaye / ufite amagara
meza

mgonjwa / mwenye afya

kemewe n'amategeko /
kibujijwe n'amategeko

haramu / kisheria

umunyabwenge / igicucu

akili / kijinga

iburyo / ibumoso

kushoto / kulia

hafi / kure

karibu / mbali

gishya / cyakoze
....
mpya / kutumika

nta kintu gihari / hari ikintu gihari
....
kitu / jambo

ushaje / muto
....
zee / changa

atsa / zimya
....
waka / zima

gifunguye / gifunze
....
wazi / fungwa

ucecetse / usakuza
....
utulivu / kelele

ukize / ukennye
....
tajiri / masikini

ni byo / si byo
....
sahihi / kosa

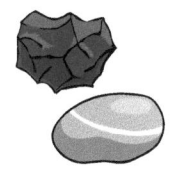

hahanda / hahehereye
....
mbaya / laini

urakaye / wishimye
....
huzunika / furahia

mugufi / muremure
....
fupi /ndefu

urandaga / wihuta
....
polepole / haraka

utose / wumye
....
nyevu / kavu

ashyushye / ahoze
....
joto / baridi

intambara / amahoro
....
vita / amani

0

zeru

sufuri

1

rimwe

moja

2

kabiri

mbili

3

gatatu

tatu

4

kane

nne

5

gatanu

tano

6

gatandatu

sita

7

karindwi

saba

8

umunani

nane

9

icyenda

tisa

10

icumi

kumi

11

cumi na rimwe

kumi na moja

12

cumi na kabiri

kumi na mbili

13

cumi na gatatu

kumi na tatu

14

cumi na kane

kumi na nne

15

cumi na gatanu

kumi na tano

16

cumi na gatandatu

kumi na sita

17

cumi na karindwi

kumi na saba

18

cumi n'umunani

kumi na nane

19

cumi n'icyenda

kumi na tisa

20

makumyabiri

ishirini

100

ijana

mia

1.000

igihumbi

elfu

1.000.000

miliyoni

milioni

Icyongereza

Kiingereza

Icyongereza
cy'Abanyamerika

Kiingereza cha Marekani

Igishinwa k'ikimandarini

Kimandarini cha Uchina

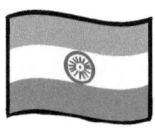

Igihindi

Kihindi

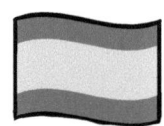

Ikesipanyoro

Kihispania

Igifaransa

Kifaransa

Icyarabu

Kiarabu

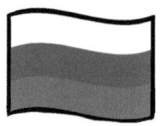

Ikirusiya

Kirusi

Igiporutigari

Kireno

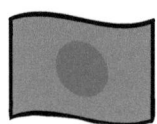

Ikibengari

Kibengali

Ikidage

Kijerumani

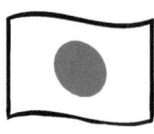

Ikiyapani

Kijapani

ge

mimi

wowe

wewe

we / we / we

yeye / yeye / ni

twe

sisi

mwe

wewe

bo

wao

nde?

nani?

iki?

nini?

gute?

jinsi gani?

hehe?

wapi?

ryari?

lini?

izina

jina

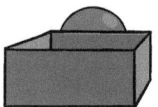

inyuma

nyuma

mo imbere

katika

imbere ya

mbele ya

hejuru ya

juu ya

kuri

kwenye

munsi ya

chini ya

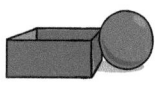

iruhande

kando

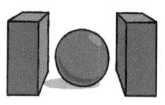

hagati

kati

ahantu

mahali